ESTACIÓN DE CERCANÍAS

ExLibric

JOSÉ MARÍA YSMER PALAZUELOS
GUADALUPE CISNEROS VILLA

ESTACIÓN DE CERCANÍAS

EXLIBRIC

ANTEQUERA 2022

JOSÉ MARÍA YSMER PALAZUELOS
GUADALUPE CISNEROS VILLA

ESTACIÓN DE CERCANÍAS

Agradecimientos

Nuestro agradecimiento a todas esas personas que nos han ayudado a ser los escritores que ahora somos. Nuestra poesía de hoy les debe mucho.

Al arquitecto Danilo López, quien le regaló a Guadalupe la edición de su primer libro de poesía y le abrió paso al mundo de la escritura.

También agradecemos a la poetisa Lila Manrique Preciado por su incansable labor y apoyo.

Al amigo Alaric Guadalupe Gutiérrez, al maestro José Luis Ortiz Berenguer, al poeta Manuel Bast, a Jorge Freire, a Ramón de Juan, a Pedro Hidalgo, a los compañeros de la Hemeroteca Municipal de Madrid y a los amigos de la Asociación de Teatro de San Fernando de Henares. ¿Estamos todos?

Y muy especialmente agradecernos el uno al otro la hermosa posibilidad de unir nuestras plumas, gracias a lo cual este libro nace con la esperanza de que sea, al igual que para nosotros, algo muy especial.

JOSE MARÍA YSMER PALAZUELOS

A MITAD DE CAMINO

A mitad de camino el mar confunde orillas,
de manera que las olas no saben dónde dirigir sus besos,
el sentido que tienen esos desprestigiados besos,
demasiado salados para cualquier naufragio.

A mitad de camino, en dirección al norte,
las palabras reinventan un gusto solidario
y procrean en vuelo alfabetos mixtos,
entrelazadas lenguas con sus errores varios.

Las cenizas descansan nunca en superficie
a mitad de camino con el sueño de un barco,
hay afanes de puente en el deseo mutuo
de los encuentros que claman por llevarse a cabo.

Hoy pareces cansada,
hoy la piedra que tiraste al mar se hundió muy pronto,
hoy no llegaste a ver los círculos de la memoria,
hoy es un ayer desarbolado y frío,
el limpiaparabrisas que borra la lluvia de los ojos,
la nota de color del gris en la tormenta.

A mitad de camino el cielo de uno y otro lado
se resquebraja y mira en la distancia
los motivos de amar,
la confusión del arte y las orillas,

el calamar gigante que extiende sus tentáculos,
el fundido en negro,
el sentido de esos desprestigiados besos,
el gusto solidario por reinventar palabras.

ESTACIÓN DE CERCANÍAS

En esa estación de cercanías
supimos amarnos sin descanso,
sin las urgencias de un tiempo
consumido entre las vías,
en el metal sucio
y el cemento.

En esa estación
que como un niño
se cuida en los andenes de la espera;
se mueven los relojes destensados
y los mapas;
se vacían las señales
del sonido,
y el semáforo abierto
no prohíbe.

En esa estación
cuidada en el descuido,
sin botones,
mirándose a la cara
en los diarios,
colgada de farolas
y de manos,
es fácil encontrar
lo que no buscas,

los ojos de una luz
que no se apaga,
el germen de un destino
que no muere.

LA PIEL QUE NOS DISTINGUE

Pongámonos en la piel de otro,
recortemos lo que nos sobre
o añadamos lo que nos falte;
respiremos el oxígeno viciado de sus pulmones,
llevemos puestos sus camisas de fuerza,
sus pantalones cruzados
para atravesar las calles o las selvas;
pintémonos con las cenizas
que enturbian sus medios días;
alborotémonos con las aspas
de los molinos de piedra
que dieron aire a sus cabellos;
repongámonos de la violencia de sus pasos
cuando se pare;
avancemos en el silencio juntos,
revolvámonos en la nostalgia juntos,
ataquemos juntos la última frontera
que haga innecesaria la piel que nos distingue.

En ese afán de caminantes juntos

En ese afán de caminantes juntos
cogidos de la mano nos hallamos,
alejándonos de ayer
con la mochila acuestas.

En ese compartir carencias e ilusiones
pronto satisfechas,
cuando frente a frente
nos comamos
viandas que la luz vuelve tesoros,
testigos de un prodigio en esos árboles
que saben del dorado de unos besos,
de los escritos que caen como caricias
acunadas por el viento
y son cosecha en nuestros dedos.

En ese afán de la huella más ligera
en el camino,
del crujido de la piel en cuatro pasos,
de las notas que revolotean como aves
y son nuestra manera de despegar la boca,
y decir:
«el tiempo a tu lado no se pierde,
las cenizas no se esparcen a lo lejos,

los relojes que maduran en las ramas
muestran siempre su mejor espejo,
la hora en que te vi no pasa nunca;
será por eso que esta imagen no se pierde».

LA MEMORIA QUE NOS HAGA VIVOS PARA SIEMPRE

No hay razones para seguir vestidos
cuando cae la noche y nadie puede vernos;
no hay pudor que compita con la luna,
piel de porcelana que nidifica un blanco,
hangar donde acometen el vuelo las estrellas.
No hay razones para seguir vestidos
con ese disimulo de carne medio hecha,
mentiras solo a medias y sombra sin sustento
que agarra la raíz para beber de ella,
alargando los dedos,
ansiando ampliar su metabolismo de roce
bajo las sábanas y el fuego,
dentro de una cáscara donde el calor es posible
y la serpiente no puede
alargar su cuello y explotar la yema.

Ahora que la yema ya no existe,
que el pudor se ha vuelto innecesario,
no hay razones para seguir vestidos;
tendámonos el uno junto al otro,
arranquémonos espinas que no existen,
crezcamos en la verdad de nuestros cuerpos,
miremos hacia arriba y hacia dentro
la memoria que nos haga vivos para siempre.

EL POLVO QUE TRATA DE CUBRIRNOS

Venzo o me vencen,
sutil diferencia
que precisa de poco
para estar en sus extremos.

Sobre la cuerda floja,
equilibrio inestable
azotado por el aire,
cargado de palabras
que sujetan o tiran.
Avanzamos cubiertos de polvo,
en el polvo no vemos
si alguien nos mantiene en alto,
si alguien nos arroja cuerdas,
palabras, frases,
infinidad de elementos
cuando ve que nos ahogamos
y nos salva,
porque el agua
cuando se toma a sorbos es la vida
pero en avalancha,
cuando abusa de poder, mata.

Tus palabras salvan
la negra soledad de mis derrotas,
el ahogo que provocan
esas ausencias cargadas de ostracismo,
ese servilismo del mañana en el ayer,
en el que aún no estabas y tus ojos
no eran el canal que acercara dos mundos,
dos pulsos de luz en mitad de la noche.

Nada temo,
si mientras me tomas de la mano hablas,
aunque los caminos no tengan señal alguna
y esté cerca el abismo y todo sea estrecho
como un hilo de cristal en el yunque del herrero.

Yo sé que tú no dejarás que caiga el golpe
sobre esta frente que te piensa a grandes sorbos
en equilibrio inestable muchas veces,
pero siempre con deseos de salvar distancias
y vencer al polvo que trata de cubrirnos.

LOS HORARIOS DE TREN O LA INGRAVIDEZ DE LAS SOMBRAS

Los horarios de trenes van sin alma
a pesar de todo cuanto llevan dentro,
no retrasan sus cifras enjauladas;
en paralelo, son labios de metal abiertos
sin contacto alguno;
el contacto lo pone un simple pasajero
que aprovecha las horas apremiantes,
los encuentros esporádicos
e intercambia maletas,
sonidos y silencios.

Los horarios bailan de puntillas
en los paneles de estaciones de tránsito
con el disimulo de una migración encubierta,
ajetreo constante
y carga ancestral de nostalgias
que viajan en la seguridad
de un código de barras
para evitar los posibles robos.

Los horarios de tren, estrictos y seguros,
se desplazan rectamente por las vías,
sin llamar demasiado la atención
en la noche;

bostezan en los cordones eléctricos
que hacen vibrar las cabezas
mientras pasan y creen
en la ingravidez de las sombras,
en la posibilidad del vuelo.

AVIÓN DE CERCANÍAS

En esta noche como en ninguna otra
el avión de cercanías sobrevuela
más cercano de tu casa
y casi roza con sus alas
las altas ramas del sauce
que crece en tu jardín trasero.

Ya sin llanto y sin temor,
con una mirada lánguida
de enamorado viejo,
va perdiendo las hojas
que el viento de metal arroja
después de haberlas leído
y consumido,
como un festín de los labios,
como una mirada que pasa
por sus cuatro estaciones
y, al fin, se entrega a la tierra,
sabiéndose enamorada.

Amor en sus cuatro costados,
en su larga travesía
desde oriente hasta occidente,
con brújula del deseo acuestas
marcando las 24 horas.

En esta noche como en ninguna otra
he comprado los billetes
de ese avión de cercanías
que me acerca más que nunca
a la raíz de tu aliento.

TAMBIÉN EL SOL ESCRIBE SUS CARTAS

También el sol escribe sus cartas,
que con las hojas llegan una tras otra
a la tierra que bebe de las sombras,
consumidas ya hasta el abrazo.

Y solas en la luz, las raíces afloran
una vela encendida en sus aguas despiertas,
unas aguas profundas, doblemente sedientas,
que al tocar la pared, el tronco, la piedra,
abren sus volcanes, como si fuesen notas.

También el sol escribe sus cartas
y al igual que yo lo hace en amarillo,
masticando con los dientes hasta la última letra
de un otoño sin boca
que se pierde en la nieve.

EL VIAJE DE LAS PALABRAS

El viaje de las palabras, a veces doloroso,
salva obstáculos inimaginables en el aire,
cristales de botella, clavos herrumbrosos,
barros encharcados donde es posible
hundir la yema de los dedos, perder la huella.

Nadie sabrá a ciencia cierta adónde se fueron
las palabras perdidas,
extremidad de serpiente quizás,
pecaminoso destello con mordiscos.
Casi todos los labios, sin embargo,
encuentran la sangre hacia la que respirar,
y así lo hacen;
por eso las palabras, no todas,
llegan después de una odisea estacional
a su destino, algo maltrechas,
algo faltas de vista,
tras las noches en los vientres de metal sin agua,
desdibujadas en sus contornos,
con el corazón entero, no obstante,
a prueba de bombas,
la piel algo arrancada,
corteza hecha cenizas de un gran árbol,
savia diletante con sus hojas,
con todas sus palabras en sus verdes,
con ese largo viaje en tus ojos.

El viaje de las palabras, a veces doloroso,
salva obstáculos inimaginables
en el aire.

EN TODOS LOS ABRAZOS DE ESTE MUNDO HAY ALGO MÍO

En todos los abrazos de este mundo
hay algo mío, algo cercano,
algo de encendido deseo de cuchara en la sopa,
de arruga que descompone la tirantez del lecho,
de calor de hemisferio que suda todas sus letras
sin temor a repetirse;
hay vacío a punto de quebrarse,
a punto de nieve fundirse,
un animal enjaulado
que encuentra su inesperada salida,
una libertad sin guillotina,
un pulso sin demasiada sangre,
un círculo que al fin se cierra,
una pradera descalza,
donde encontrar una aguja
no es algo que se piense mucho;
un aguacero que descarga
las humedades de un rostro
sobre la tierra sin agua
dispuesta a agradecer el llanto,
a postrarse de rodillas,
a venerar ese tesoro de huesos,
carne y tirantes nervios,
donde la ropa se airea,

donde se refugia el tacto
de una soledad de veras,
acelerada y sin freno.

En todos los abrazos de este mundo
hay algo mío, algo que no sé expresar,
pero que me pertenece.

AÚN CONSERVO ESA OBSESIÓN POR LOS ARMARIOS

Aún conservo esa obsesión por los armarios
que me viene desde niño,
cuando oculto en el cuarto de mis padres,
husmeaba en sus cajones con cautela,
esperando revelar algún misterio,
una especie de tumba faraónica,
una verdad con rasgos de mentira,
un secreto guardado entre algodones;
podría ser la fotografía antigua
con la dedicatoria de un amor prohibido,
o un mechón de pelo de un antepasado
que corrió más suerte
que el resto de su dueño;
un diario quizás con páginas en blanco
que al llegar la madurez no halló respuesta.

La fantasía es nube que exprime
la humedad y luego, pronto acaba,
cuando el aire de los años la derrota;
no siempre es así, no siempre.
En esos cajones había también monedas
de la edad en que los reyes aún se coronaban
y sellos de aventuras derrotadas
antes de empezar un largo viaje.

Un reloj sorprendido en la hora última
que miró mi abuelo en su esfera pulida
se asustó de pronto con el tacto de mis dedos
y dio el salto de un segundo para pararse luego.
Nada es para siempre, solo el silencio
no pierde la ilusión de su pasado.

En ese armario de mi infancia adulta
siglos de victorias y derrotas se acumulan;
también los míos, también.

LA REINVENCIÓN DEL BESO

Las hojas del otoño desean beber
en buzones amarillos
su memoria de luz;
crujen bajo las pisadas
las letras que las componen,
que después de ser leídas,
vuelven a ser desterradas,
vuelven a ser ceniza.

Entre la tierra y el sol
la correspondencia es un total misterio
con enigmáticos sellos en las cartas.
Nadie sabe, a ciencia cierta,
la distancia real o imaginaria
que separa o une a dos amantes,
y no me refiero a la distancia física,
que puede medirse fácilmente,
sino al aire, a la bocanada de aire
acelerada o en calma
que corre a favor o en contra
de los brazos, de su raíz en los dedos,
del cuerpo desmembrado
que busca su puerto o se aleja.

La palabra «amor» es la última
que viene a caer del árbol
y la primera que resurge
con el impulso de un labio,
de un águila mensajera.

Hay lágrimas que pueden ser,
en un principio, océanos sin agua,
pero toda corriente las redime
y ese es el comienzo
de esos amantes que esperan
la llegada del aire,
la humedad de la lágrima,
la reinvención del beso.

LUCES Y SOMBRAS

Luces y sombras en senderos opuestos
estiran la cuerda que las mantiene unidas
y luego se reencuentran cuando al dar la vuelta
el mundo se reduce a un punto solo.

Ahora en las espaldas el calor se desprende
después de soplar hasta la última vela,
después de morder hasta el último verde
en la espiga del día que de nuevo se acuesta
bajo el arrullo del agua que imita a las serpientes
y en la arena se entierran.

En el reverso, la sombra crece y crece;
vestida de novia, amamanta a la luna
en los claros del bosque,
olvida cristales de su pie en la carrera,
se despoja de todo cuanto la envanece,
se arranca raíces una tras de otra,
vuela con alas de murciélago sordo,
bebe del néctar de la estrella
que cae dentro de un pozo.

La sombra según corre
va dejando la ropa en las espinas,
en los tropiezos con sabores a piedra,
a marfil desgastado, a ceniza.

Los oscuros se quedan en los dientes
que los muerden,
poniendo pieles en carne viva.

Los amantes creen nuevamente en las hogueras
cuando se reencuentran,
en ese instante en que aún
no son ni uno ni otro,
en que la victoria y la derrota no son posibles
porque nada se aleja y todo prende,
porque todo cumple su misión de esfera.

Nada es comparable a parir en la noche

No creo que salir del metro a unas calles
aún no dibujadas
sea comparable a parir en la noche;
en ambos casos, sin embargo,
la desorientación es lógica.
Nadie espera aparecer en el lugar
donde rebota el sonido
de nuestro primer llanto,
similar a un azote,
o en el pavimento acogedor
que responde a los zapatos
como campana de torre invertida,
aún resbaladizo.

Hay sensación de miedo y frío,
igualmente repetida;
vientres alejándose,
soledad de maniquí en escaparates,
miradas fijas desde fuera
a esa oleada de hormigas indefensas
que aún no saben dónde buscar sitio.
Salen a tropel como sintiendo,
el dolor es algo quebradizo.
La luz espera en los balcones a caer de pronto,

lluvia de metal sin alas,
colores como manchas en la ropa
que obligan a desnudar sombras.
Se mira todavía en el vacío,
los ojos son apenas una nube
con propósito de lágrima en futuro,
sin distracciones aún por los contornos,
las esquinas, las imitaciones de vuelo
o las hojas caídas.
Momentáneamente ciegas,
sin antenas de móviles que valgan,
desorientadas,
como ese alguien que sobresale de la noche
y aún no conoce su papel en la escena.

Si el metro es un vientre convulso
donde nacer de pronto es a diario,
deberíamos acostumbrar a la lágrima
a derramarse más frecuentemente
en las aceras, en el poyete de las ventanas,
en el rincón donde el árbol echa sus raíces.

TÚ SABES QUE NO TENDRÉ VERGÜENZA

Tú sabes cómo suenan mis pisadas
sobre un manto de hojas secas y revueltas;
si acelero el paso, tú imaginas
los golpes de mi pecho en las costillas
llamando a la sangre a sublevarse,
a subir peldaños de escaleras,
un cerro sin laderas, una retorcida torre,
un provocativo muslo con derecho a deslizarse;
tú sabes que no tendré vergüenza
de gritar tu nombre desde arriba,
de poner sonido de letra en las campanas,
de arrojar en la noche botes de pintura
con la intención de alimentar tu sombra,
de acabar con esa obstinación por las raíces,
por esa mirada que hunde su sed en ellas.

Tú sabes que no tendré vergüenza
de colgar las sábanas de tu cama en una cuerda,
de arrancar con suma delicadeza
los pétalos de tu cintura uno tras otro,
de arrojarme sin miedo sobre ellos,
sobre un manto de hojas secas,
porque tú sabes cómo suenan mis pisadas.

EL SECRETO ÚLTIMO DE NUESTRA NOCHE

Como un museo táctil,
los armarios nos revelan quiénes fuimos,
lo que seguimos siendo, seremos,
con todas esas manos hundidas en los bolsillos
buscando ansiosamente los tesoros líquidos
por donde el amor se filtra en medio de la jungla,
llegando a las raíces descosidas de los trajes,
ajenas a la luz, el sofocante aire.
Los armarios, con los abrazos caídos,
después de los esfuerzos que requiere el día
duermen en un tiempo sin ventanas
todos sus recuerdos, sus tintas, sus barros,
sus manchas de café, de grasa, de sangre, sus arrugas,
como una segunda piel con múltiples pulmones.
Los armarios respiran la verdad de lo que somos,
el secreto último de nuestra noche.

TODO CUANTO NO ERES TÚ SE VE TAN PEQUEÑO

Todo cuanto no eres tú
se ve tan pequeño
y tiene esa lejanía en mí
tan incuestionable,
se apila como los grandes libros
que no se leen nunca,
arranca sin novedades
calendarios al viento.

Todo cuanto no eres tú
intenta imitarte,
charcos y tejados grises,
sin lograrlo nunca;
lo alto que va por las nubes
deseando tu almohada,
lo bajo que habla con las raíces
escudriñando tus ojos.

Todo es nada en tu ausencia,
solo tú lo sabes,
la lluvia que deja su amargura
en desiertos sin rostro,
sin pedir con la mano extendida
limosnas de azúcar,

sin abrir grifos por donde cae
una noche sin pájaros.

Todo cuanto no eres tú
se ve tan pequeño,
una estrella que,
por más que lo intenta,
se cierra en los ojos,
cayendo del cielo.

AUN ASÍ, CONSTANTE Y PRODUCTIVA

Imparable, no duerme,
sin mareo da vueltas,
planeta sin agua
apretado en los puños,
coraza aritmética
a la espera de sueños
en puntos olvidados,
donde las espadas cruzan
sus impulsos de sangre.
Ni para hacerse viejos
suficiente ahogo,
un veneno arando
en la piel, enjambres
pican el tiempo,
ponen en barro
toda la nostalgia,
en muñeco de nieve
esculpido en soplo
de esferas de reloj
semejante a escarcha,
helado fundido
dentro de una boca,
margen de galaxia
innecesaria,
pero, aun así,
constante y productiva.

MI VIDA

Mi vida
en el comienzo de tu boca salta
y, al igual que la gota que ve venir la piedra,
se cuelga de la luz por un instante
y logra ser triunfal recuerdo,
arqueado diapasón, color y aire.

Mi vida
sabe desde ahora de los comienzos
de la noche en tu regazo,
de las cortinas que tiemblan
en los invernaderos nuevos,
de esas largas cabelleras
sobre hombros desnudos
con la advertencia de la nieve,
amamantando tejas
y luego descender
en transfusión de sangre
a las corrientes del Nilo
y sus eternos templos.

Mi vida,
resumida en un cordón de humo,
garganta abajo
reza por ti
con todo el cuerpo

y pide con razón
no perder la gota
que vio venir la piedra
y se colgó de tu brillo.

Mi vida,
en resumidas cuentas,
molino de aire de tus apetitos,
no te impide la sed,
sino que la acrecienta.

EL ÚLTIMO POEMA DEL CUADERNO

El último poema del cuaderno,
que mira ya cadáver,
se pone a respirar muy hondamente
el aire que le resta;
los nervios floreciendo
tras de cada punto
tensan la línea final
como pez el anzuelo.
La transición no es fácil,
toda palabra lucha contra otra
su presencia, estar y ser
en la lista, no de espera,
pasar de la ignorancia al fuego,
calor, aunque breve, intenso,
para el que se acerca a él
con las manos delante.
El último renglón
que cae como la nieve
lo hace desde una cornisa;
sabe que, al llegar al suelo,
solo encontrará el agua que lo beba.

SIN NADA EN LOS BOLSILLOS

La calle guarda luto por las sombras
cuando llega el verano.
Sin sitios para refugiarse,
los jóvenes en las avenidas
buscan en la noche revuelta de bolsillos
las manos y hacen plumas de sus uñas
desprendidas de los barros,
que se pliegan en curvas,
añoran los silencios,
las remotas islas
sin vírgenes ni oraciones.
Las farolas, huidizas de la piel,
quedan en huesos
con el fósforo encendido bajo los dientes.
¿Son capaces de amar mientras se miran?
El amor oscuro resiste a duras penas
las madrugadas,
como la nieve fundida
del reverso de una moneda falsa.
La calle se puede pisar de muy diversas formas:
en verano, de noche,
sin nada en los bolsillos,
alejado de las esquinas,
por el camino más largo.

HE APRENDIDO A TU LADO TANTAS COSAS

He aprendido a tu lado tantas cosas,
a mirarte sin verte cuando no es posible,
a sentirte sin tocarte,
porque las manos alejadas,
aunque hagan esfuerzos,
separadas por un mar de despropósitos
salado y poco dulce,
no pueden llegar la una a la otra.

He aprendido a escucharte en los silencios
imposibles de la calle,
a descifrar en las letras de un crucigrama
tus estados de ánimo,
esa necesidad que nos tenemos
cuando la pantalla en negro
nos devuelve a una noche
sin luna y sin estrellas.

He aprendido a imaginar tu cuerpo
articulado como ese pez dentro del agua
en que navega sin obstáculos,
o esa espiga separada del tallo
y a merced del viento.

A ti me lleva cada pensamiento
que rompe con las fatigas de la almohada,
con esa laxitud del músculo que llama
a la tecla del piano que lo tense.

He aprendido a no arrancar del calendario sus hojas,
porque todo cuanto he sido
sigo siendo hoy en ti y mañana.

He aprendido a desaprender
lo innecesario y superfluo,
lo que no lleve tu nombre,
tu palabra, tu acento.
He aprendido a tu lado tantas cosas…

A PERPETUIDAD SOY

A perpetuidad soy amor sin alas,
molde hecho con barros de otro tiempo,
centinela de sueños que evita que se pierdan
por caminos de verdad sin señales de humo.

A perpetuidad soy el que no guarda nada,
el que todo reparte como primavera al viento,
el que pone color almacenado en los ojos
para que cuando se cierren, permanezca dentro.

A perpetuidad soy la nube y su tristeza,
el hambre y su lobo,
la ola y el escollo donde se derrama,
el muro que hace grito cuando se atraganta
al beber la sal de este amor sin alas.

A perpetuidad soy, ya te lo he dicho,
molde hecho con barros de otro tiempo.

SUCEDE CON FRECUENCIA

Sucede con frecuencia
que se nos pierde un día sin nombrarlo
y sin pagar por él se va de casa.

Y al alcanzar la noche, en el desnudo
de teléfonos con números sin alas
de zapatos con huecos en los labios
se le ve tan frágil.

No hay registros que se gocen de llamadas
con la huelga en los espejos,
ni verdades que mantengan en el aire
un globo hinchado,
como parte de nosotros.

El sujeto, uno cualquiera, arranca el calendario
cuando sale por la puerta.
¿Qué hacer entonces?
Olvido tras olvido,
la cumbre hace su cuesta y se desarma,
rompiendo las cadenas del horario.
Allá se van segundos y minutos,
extraño otoño de papel mojado,
cicatriz reciente y boca seca.

Se puede querer sin estar queriendo,
de la misma forma
que se pierde un día sin nombrarlo.

Es muy poco lo que aún te resulta imprescindible

De todo cuanto te ha pertenecido
no es mucho lo que realmente necesitas;
apenas media docena de realidades,
tal vez menos;
no sé si sería preciso enumerarlas,
tú ya sabes las que son,
dónde las guardas,
qué caminos recorristeis juntos,
los momentos de alegría
y de zozobra compartidos.

Algunas dejaron de ser tuyas inesperadamente,
otros se las apropiaron disfrazándose con ellas,
amándolas, tal vez, como tú lo hiciste
y si fue así, mereció la pena esa renuncia.
En verdad es muy poco lo que aún
te resulta imprescindible:
quizás algo de ropa que el frío te trajo,
la dirección en donde convivisteis,
el teléfono para escuchar su voz,
esa extensa piel para reafirmar
que el amor no siempre estuvo lejos.

En el dolor la primavera escuece

En el dolor la primavera escuece
como el calor del fuego sobre el agua,
o el hierro enrojecido de la fragua
que pierde sus durezas y se crece.

Y todo cuanto existe al fin perece
bajando por los ríos en piragua
desde un comienzo adonde al mar desagua
la férrea voluntad que no adormece:

las ganas de vivir y sus pasiones,
los múltiples errores y la duda,
la lucha que no muere y sus tensiones,

el largo atardecer que se desnuda
dejándonos heridas e ilusiones,
la carne del revés ya nunca muda.

El peso del tiempo detuvo los relojes

El peso del tiempo detuvo los relojes
cansados de avanzar por un mar sin fondo,
con remos sin roce de piel en los extremos,
en los segundos sin marco se vuelven perezosos
y colgados inertes a ambos lados de un cuerpo
como ramas de olvido sin hojas.

El viento sin respuesta a misivas de ahogo
abriendo grietas en los cascos del silencio
avecina el naufragio de los días desiertos,
de los besos tendidos en las cuerdas y velas;
mariposas cautivas con tatuajes de ala sin vuelo.
Tras los cristales las flores esperan,
relojes moldeables, huellas desprendidas.

El peso del tiempo detuvo los relojes,
ya es hora de que el amor les dé cuerda de nuevo.

El peso del tiempo se siente en las campanas

El peso del tiempo se siente
en las campanas
como un golpe dulce y seco,
desatando los nudos de las horas
uno tras otro,
deshojando margaritas
en el prado,
dejando un centro solo
por donde cae la piedra,
abriendo círculos
cada vez mayores
como grandes abrazos
que lo invaden todo.

El peso del tiempo se siente
en el agua
cuando cae en los fondos
del barranco
seco de caricias
y pone la humedad justa
en los espacios,
el verde necesario
en las orillas.

El peso del tiempo se siente
en los relojes
desnudos de las manos,
que en la noche los dejan
para explorar geografías
que el tiempo no persigue,
la ondulada curva
que aprecia bien el silencio.

EN ESAS GEOGRAFÍAS POR LAS QUE PASA EL TIEMPO

En esas geografías
por las que pasa el tiempo
avanza la palabra
de líquido sonido,
recubre la dureza
de silencios y grietas
humanas de la piedra
con lengua azul de nube.
En esas geografías
que sueñan las esponjas
en tardes de goteo
incesante sobre un lecho,
la mano halla su cauce,
que sigue con destreza
adonde desemboca
la sal que todo puede.

En la duda es posible convencer al amor para que no desfallezca

En la duda deshicimos esta blanca primavera
de pétalos aéreos y sonrojo en los labios;
el mar revuelto en su lejanía,
cerca siempre de nosotros,
al abrigo desnudo de esas noches hambrientas,
mantequilla en los moldes perfectos de unas manos
que vieron multiplicarse las uñas y sus dedos,
la extraña habilidad de dibujar círculos.

En la duda comunicamos al viento los secretos
que hacían del corazón una piedra casi líquida,
agujeros por donde la palabra surgía con alas
tras la siesta de una adolescencia remota.

En la duda tuvimos la equivocación justa
para darnos la vuelta cuando creímos oportuno;
quizás alguna mirada quedó atrás en los espejos
posada sobre pieles que arrancaron espinas;
el dolor era el preciso para asegurar nuestro avance,
el sacapuntas idóneo para seguir escribiendo.

En la duda es posible convencer al amor
para que no desfallezca.

LAZOS DE BANDERAS EN EL TIEMPO

Un año agita sus banderas multicolores
desde lo más alto de la torre de la iglesia,
donde las campanas vuelan arrancando al viento
primeros balbuceos de la dicha.

Un año de lluvias y sequías,
de nevadas que cubrieron noches
con sueños de blancura inquebrantable.

Un año que fue ante todo risa,
lagrimeo constante de hojas verdes,
que probaron el calor del oro líquido
que corría incesante bajo ellas.

Vida abrazando vida desde un abril a otro.

Un año de corrientes que salpicaron
con sus dedos las orillas,
donde pieles se extendían
como sábanas lavadas
dispuestas a roces y caricias.

Un año ligero de plumas en busca de su fuente
que abrazaron un vuelo de cascada

a 8.000 km sin miedos
a la nube que traía la tormenta.

Ya fueron demasiados truenos
los que partieron en dos nuestras palabras,
que volvieron a nacer como ave fénix
de cenizas y gargantas que ahora gritan:
«no seré más esa piedra imperturbable
que no conoce arena con el tiempo;
quiero que el viento y el agua abran mis carnes,
quiero ser la playa en donde dejes huella
con tu pie desnudo,
con tu mano abierta».

REFLEJOS DE CINE

Esferas de un mar artificial
rodean el cuello de una estrella errante,
reflejo en cristal que no cae sobre los ojos
ocultos de miradas imprudentes o lascivas.

Un helado al fin por derretirse
muerde la boca que aún no besa.

Tiempo detenido al otro lado,
sin país de maravillas,
sin reloj de arena,
sin corazón en cartas.

Minuto de oro
en que te vi asomada
a ese escaparate en que estabas tú,
con tu capricho incierto
de diamantes caros.

TE QUIERO EMPEZANDO POR TU SOMBRA

Te quiero empezando por tu sombra
a esa distancia en que el sol se ve desnudo,
sin presunciones de llama o de tesoro
sin armamentos que lo vuelvan invencible y único.

Te quiero del otro lado de los espejos,
donde nadie es capaz de verte como eres,
donde las piedras se acumulan en el fondo,
como un álbum de fotos
en esa estantería que pocos reconocen.

Te quiero por lo que ocultas cuando das la mano,
por la uña que en la mesa donde apoyas la mirada
dibuja encrucijadas y puntos suspensivos…

No te quiero por las razones que otros presuponen
cuando abrazados cruzamos los pasos de cebra.
No te quiero para evitar tus atropellos y tropiezos.
Te quiero para vivir en tu sombra,
para saber que en tu sombra
la luz no me hace daño.

LA CALLE, ESA PIEL EXTENDIDA

La calle, esa piel extendida
que a menudo maltratamos
con humos, ruidos y cuchillos,
se revela en las junturas
de baldosas levantadas
que se alegran por los tropiezos
de los poco cuidadosos ciudadanos.
La sangre es la venganza
del descuido y el abandono.

Las calles lloran
la suciedad de sus vestidos,
y la noche es un oprobio
para el hueco de los árboles
que ven como la lluvia
no proviene del cielo.

Nadie logra estirar las penas
encogidas de raíz,
que de trecho en trecho
asoman los ojos
a un mundo carente
de cimientos.

Yo sé que todo se tambalea
en los cuarteles del miedo
que ahora vence.
Callaré, para no ver caer las hojas
bajo el peso de la palabra
que no revierte en verde su sonido.

La calle, piel extendida en su lecho,
espera la caricia del amante,
que sin insultos ni golpes
la prolongue en sus extremos
sin trampas ni cadenas.

Sin poner punto final a la memoria

Sin malas intenciones, las palabras revuelven
el cajón de la memoria haciéndola de nuevo,
como esa vieja casa que cambia de lugar sus muebles
y se ve distinta al mirarse en los reflejos
de los pozos sin fondo, donde la mano se vierte,
se hunde hasta los huesos.

Las fotos del ayer hacen del suicidio
su único pretexto para mantenerse jóvenes.
Margaritas o cualquier otra flor, sin pétalos,
dejan corazones sobre la alfombra roja
que presentan realidad
comprometida en el mañana.

Demasiadas imágenes para la gloria o el olvido.
De colores, de luto o de boda,
las sombras no reaparecen
tras pasar las páginas
de la carta inacabada.
Tienes que vivir en un álbum de fotos
para otros cada día,
sin poner punto final a la memoria,
recuerdo de tus hijos y de esas ruedas
que siguen dando vueltas
tras la puerta, donde todo persiste
y nada se consume.

ADÓNDE ME ESTÁIS LLEVANDO EL PENSAMIENTO

Óxidos de la memoria,
¿adónde me estáis llevando el pensamiento?
En todo ese mar, lo duro pierde la protesta
y el filo de la espada sus heridas múltiples.

Me vuelvo cauce de viejas caricias
que amplían sus orillas a lo ajeno;
en agua y viento me convierto,
amantes lamen los caminos que prosperan
en los labios donde todo ya es posible.

El único interés que muestro ahora
es barco de papel escrito a mano,
sin anillos inmortales en dedos invisibles
ni cartas de recomendación
para la piel de un puerto,
resguardo de una noche sin cadenas
y de la vida última
sin naufragio alguno.

TODA NOCHE QUE HABLA CON SU SOMBRA

Toda noche que habla con su sombra
reconoce huesos que la sustentan dentro,
el eje alrededor del cual gira y gira
la corriente que navega por el nevado lecho.

Nada oscurece al corazón que late
en medio de la niebla cuando toca
un instrumento de metal abierto
al aire desprendido y sin anclajes,
sin gérmenes de Dios y sin lamentos.

Nada es la piedra antes de la muerte,
cuando deja de ser bloque sin recuerdos,
cuando algo la impulsa a precipitar su boca
por todas esas fuentes que penetran vida.

Toda noche en que no reconociste
finales y principios, fuiste eterna,
acaso brevemente, entre mis brazos.

SE PRONUNCIA TU NOMBRE

Se pronuncia tu nombre
al abrir la puerta,
luces de trigal
descalzan a la noche
y ponen en cortinas
sueños de velero,
que hinchan las mejillas
para abrazar el aire.

Se pronuncia tu nombre
en persianas que enrollan
sus miedos al sentir
el calor que los derrota
y llenas de energía
de un café humeante,
sin miedo a la vida
en espacios sin hueco.

Se pronuncia tu nombre
en el rocío verde
de almohadas hambrientas,
cargadas de sonido,
y pájaros que vuelan
sobre un mar sin fondo,
en tu boca de sal
repleta de oleaje,

bajo un pecho de curva
y laberinto,
donde un bosque crece
con la fuerza de un rayo
y la raíz es cumbre
de un deseo mutuo.

Se pronuncia tu nombre
en la espesura del armario,
que mezcla mi cintura
con tu espalda,
tu muslo con mi mano,
que olvida diferencias
de pieles y colores,
y adivina olores
de flores que persisten
en adornar el cielo
con tu pelo negro,
con tu camisa encendida
de botones de plata,
como lluvia de estrellas
que imaginan un fuego,
un fuego que hace mecha
en la amplia sonrisa
de las sábanas blancas
vueltas frente al espejo.

GUADALUPE
CISNEROS VILLA

LAS SOMBRAS QUE CHOCABAN CON LAS NUESTRAS

Con el tiempo nos volvimos
la rutina de estatuas y piedras,
de gestos obscenos, llanto y cenizas,
donde aquellas sombras chocaban con las nuestras.

Fuimos prólogos en otros que apenas interesan,
el ritual de sus vidas que ya no se repite,
el paso de los siempres en tránsito,
las palabras confiscadas en el mensajero.

Tantas veces temblaron nuestros cuerpos
en las respuestas de otros crucigramas,
donde ciudades absurdas repetían su historia
en el rastro de nuestras huellas.

Otras veces a un paso del problema
cedimos a las tentaciones y al placer secreto;
ahora con menos inquietudes
jugamos como niños a comernos el cielo.

Esta piel

Esta piel se deshace ante el filo de la noche
sepultada en silencios transparentes.
Se escuchan tormentas en los ecos de las calles,
caigo como agua,
como aurora en un lienzo enmohecido.
Perdida en la memoria evocadora de un nombre,
he llorado tristezas que no son mías,
busco entre el humo de un beso,
simple juego de bocas,
el descanso abatido de mi alma.
En la búsqueda me abandono en olvidos
entre los vendavales.
Iré por la mañana vestida de cenizas,
porque todo es lo mismo en la melancolía,
gusto entre la melodía de los huesos.
He vuelto a buscar la palabra atada al olvido.
Lejos guardaré los otoños en mis ojos,
ahí, en la espera que gasta esta sombra encendida.

AL BORDE DE TUS DEDOS BROTAN LLUVIAS

Se escapan de tus manos margaritas,
al borde de tus dedos saltan lluvias,
confundidas tormentas del abismo.

El vendedor de cuerpos lleva nubes;
con los labios de almendra y pies de luna
las deposita en cuevas con gaviotas.

He llegado algo vieja a los confines
de tu lengua, bastante niña inculta;
no existe tregua, ya no hay descanso.

En tus brazos de sábana me alivio,
en tus trenzas de trigo me he rendido
para ser barro, tierra remojada.

Cada noche revivo entre tus piernas,
cuando despierta el sol me olvido.

NACES EN LOS DÍAS DE ABANICOS

Come la noche semillas
de girasol de tus manos,
desde el centro de los aros
se ven ojos sin pestañas.
La noche reina se viste
de estrellas lujosas con árboles,
te ves enroscado en un caracol
con una casa sin ventanas,
son los soles ignorantes
que cifran los números reprobados.

Se comen las horas,
hogazas arrojadas, desde las heridas
y eres en ellas la quietud
del pulso vacío, callado.
Junto al río lloran las mariposas
la ausencia de la vida.
Hoy te vistes de ausencias
y no te veo ni te siento,
son insaciables los silencios
que brotan de tus labios.

Consume la esperanza
las palabras hábiles del sueño,
en el beso de las lágrimas
no hay sabor a muerte.
Los tiempos tímidos
saludan desde la espalda
en los gestos de la luna
no hay respuestas,
soy impaciente y te escapas
por las rendijas del azul partido.

Existen terceros desde la nada
con fuentes infantes
y tú bebes de sus aguas agridulces,
y yo bebo de tu vientre desmoronado,
que nace en los días de abanicos.

ANOCHE SOÑÉ CON ESA MIRADA

Alguna vez soñé con vivir en tu mirada
y volver al paraíso de tus ojos nadando
en múltiples colores de las madrugadas.

Necesito sentirme tan cerca de tu vida,
todas las horas nunca fueron más allá de ti;
una herida se abre en todo ese murmullo.

Anoche soñé vivir en tu mirada de alba,
azul cristalino como el agua de tus ojos.

Nada ha cambiado:
siempre busco esa mirada serena,
deslizando mi reflejo a través de cortinas
por balcones abiertos cuando las palomas vuelan.

Y sigo en ese sueño de amor y sentimiento,
porque estás vivo mientras siga dormida.

PARA ESTE Y OTRO TIEMPO

Pero si me llegara a encontrar en alguna sombra
puedo bajar por las calles de noche sin congoja.

Es cierto que a ratos puedo estar triste y melancólica,
y que de mis manos pueden brotar las memorias vacías.

Pienso que algún día iré hacia los brazos de mis sueños
y seré para ese cuerpo como una llama recién nacida.

Le miraré a los ojos con asombro,
como quien puede medir el cielo,
como quien deshace el tiempo habitado.

Entonces le diré:
«Ven, que te he esperado en este lado del silencio,
en las horas lentas sobre esa espuma del tiempo.
Ven, que mi corazón te conoce sin haberte visto
y mis heridas te acarician a través de los siglos».

HAY HISTORIAS QUE TERMINAN ASÍ

Tantas veces llega la noche inquieta
y nos convertimos en el ojo azul
de la luna, sin movimiento alguno,
tan solo con el vaivén de las olas que fuimos.

Recordamos los zarpazos del agua.
Ruido fui.
Tú, silencio.
Reventábamos la boca del mar
con nuestros cuerpos,
penetrando el centro de la piedra,
pero el dios que todo mueve
escribió otra historia
separando nuestras almas
en dos hemisferios.

DESDE EL CUARTO SIN PAREDES AMARILLAS

Tengo dos gatos colgados en la pared
que me miran.
No lo pueden evitar, ahí están colgados.
Comen margaritas con pepinos
y no tienen dientes.
Jamás cierran sus ojos,
creo que tienen viruela.

El muro chino en la pared
se hace más grande, colosal.
Me imagino que tiene una tristeza,
no estoy segura;
en ocasiones, escucho que gime
y pronuncia nombres,
le gusta que le siembre flores
y le llame pibe.

El suelo tiene celos de los gatos
y el muro reniega por las noches.
A veces, no me deja dormir;
quiere enamorarme, pero no me gusta.
Es seco, no tiene un cuerpo como el tuyo.
Él es cuadrado y tú circulo.
Me gustan los círculos y los triángulos.

Encuentro desde la segunda puerta

Me gusta cuando duermen las calles en tus manos
y las palomas hacen nido en tu boca.
Tal vez el ruido de las piedras venga por las noches
a jugar con el viento que se enrolla en tu cabello,
tus ojos son socorro en el infinito cielo.

Quiero entrar como sombra en tu vientre, lentamente,
quedando como renglón en la escalera del tiempo.
No hagamos promesas al destino de nuestra fe;
solo dame una señal, solo vela por mí en el viaje
hacia tu pecho, mar frágil entre tus piernas,
el dulce manantial que desde mi fiebre añoro,
locura, el dolor en los huesos y en las rodillas.

Se inclinan las estrellas en las gotas de los días
y tus vocales escapan antes del amanecer,
descanso entre las hojas en el llanto de la lluvia
hasta el próximo encuentro desde la segunda puerta.

INNATISMO

Qué curioso ver cuando llegas sin tu sombra,
—bueno, son las ideas con las que nací—
te ves como desnudo de tu alma,
como si se rompiesen los espejos
desde el intenso color que no tiene nombre,
el mismo que cubre tu rostro.
No es necesario repetir la ceremonia,
porque de eso se encarga el mayordomo
con la voz de cocodrilo,
con su barba de largas galerías.
Qué curiosas las hormigas con sus pies limpios,
qué lástima que no sean buenas para el comercio.
No sé, pero creo que no estás vivo,
porque has perdido tu sueño
en las nubes sin compromiso.

SE PERDIERON LOS CAMINOS

Se perdieron los caminos
entre la maleza,
en días de otoño
ataviados por galbanas.

Se tragaron las palabras
los murmullos rasos,
atontando tardes
seducidas por silencios.

Amenazaron las lluvias,
las que se desprenden
de lo impenetrable,
para atiborrar las ansias.

Se convirtieron los soles
en broches de hojalata,
las nubes en nada,
y todo sigue así, callado.

DOS PALABRAS EN UN GRABADO

Llueve esta noche de diciembre,
estallan fusiles sobre el tejado.
Se abre el cráneo y vuelan aves,
cuervos que se escapan por la ventana
dan paso a las baladas.
Una por una saltan las melodías
desde el tobillo derecho del ocaso.
Huellas inmortales de mi pobre estancia
quedarán escritas en un grabado.
Dos palabras que no escribí en el viento,
dos palabras que nunca te di…
Y antes de que escupa,
excremento, el de alma seca,
aquel infeliz que pensó inventar un día versos,
pero que era abono de estiércol
en el camposanto del averno.
Antes de que esas aves vuelvan
y se cierre el casco,
trayendo en sus picos margaritas
fajadas con hilos de guata.
Escribiré tan solo cinco letras
en el rabo de un cometa.
Mucho antes de que mi ombligo se pudra
y los gusanos se den su gran festejo,

arrebataré del tiempo sádico,
estirando con mis manos tiesas,
dos palabras que están en el espejo.

EXTRACCIÓN DE UN TIEMPO

La casa sigue callada,
se viste ajena de alegrías;
la nada baila en los techos
y el tiempo duerme en las paredes.

Los gatos comen palomas,
en perchas fornican las flores
y se niega el verbo al lenguaje.

Figuras mueven prejuicios,
los marcos rugen sentencias
y el sol se esconde tras las cortinas.

Mírame, seca de versos,
de arroyos… Vacías las manos
y el canto viaja en las aguas.
La tarde tiembla y no sabe
que la casa sucumbe en cenizas.

EL PESO DEL AGUA

Maremoto que llevas el destino
en tus hombros, cansado de memorias,
de súplicas de fuegos invasores
que reposan de estrenos en tu lengua.

No conoces las huellas del lagarto
ni preparas riberas en espinas
y detrás se rumoran los sonidos
del viento que se cubre de recuerdos.

De los amores presos, manchados
en botellas, descasan indiscretos
los repones en nubes pasajeras.

En el peso del agua se remueve
la pisada del tiempo, se retira
y todo en el cielo es parecido.

PETICIÓN A UN VAGABUNDO

Vienes con los ayeres, te he visto,
en tus bolsillos he mirado el sol.

Ave sin nido.

Busca conmigo un canto,
una melodía en el follaje de la primavera.

Cuando la Alameda se vista de flores,
cuando en las fuentes tiren monedas
los enamorados, bailaremos juntos,

antes de que seas la sombra de un pasado
y se cierren los ojos.

MOVIMIENTOS

Las puertas espinosas de la casa
engendraron rendijas;
se arquearon las ventanas
y en los tobillos de luz cantamos.

Sobre las aguas de tu lengua
brotaron tunas,
nacieron arañas en los dedos,
el desierto olvidó su nombre,

Descalza, brincó en la casa de hierro.
Se rompen los talones
y nos abriga el viento.

REGRESA TU SOMBRA DEL DESIERTO

Cae el gris sobre el alma cuando llueve plomo.
No tengo nada en las manos, ni en los ojos,
solo una mariposa que en la garganta clava
el fatuo sonido de una noche inquieta.
Se apodera el lenguaje, que ni sabe maldecir,
solo conoce de la soledad y ruina.

Cómo quisiera olvidar el viento, las luces,
las estaciones tropicales seductoras.
Pero los recuerdos regresan con fuerza
en las madrugadas, en los insomnios
con miedos y tormentas viles.
Y busco entre los escombros el manual de incendios
para calcinar los adioses con fuego,
para apaciguar la miseria que inunda el alma.

Lentamente duermen las horas.
Creo que hoy regresa la muerte con su olor
a desierto, a sequedad, a infierno…

En el tiempo que fui agua

«Eres agua», dijiste,
«capaz de ser al día siguiente
hielo, o una taza de té,
llovizna del atardecer…», dijiste.
Pero observé un detalle:
que desde mis manos florecieron
las huellas de una perspectiva interesante.
¡Los versos de la poesía!

DE RUMORES

Y al despertar,
bajo los melódicos sauces
se inundan las montañas en la luz,
donde el río sobre riscos y troncos
se despeña.
Se estremece la aurora tremulenta
en la falda del cerro,
ceñido de copos y hervorosa espuma.
Solo el rumor de la gota cristalina
rueda en la hojarasca, y se escucha
el gemido de los besos perdidos.

ME TOMÓ LA TARDE

Vestida de suspiros me tomó la tarde,
diciendo adiós a otras memorias,
a otras ideas de aventuras; locas fantasías,
mi abismo se llenó de llanto y despedidas.

Hoy tu imagen es nota pasajera y sombra
de aguijón, con mano injusta, cruel tirano.
Quedé aquí para siempre detenida en polvo
sin reposo en el lento clamor de mi pena.

Te llevaste mi alma entera y sus delicias,
los frutos de mi voz en lágrimas partidas.
Escucha cómo el tiempo va pasando, vagan
las horas en el largo llanto, se detienen
por sendas extraviadas del fatal delirio.

AHORA ME TOCA ESPERAR

Espero quieta sobre la perversa luna
en la esquina chica sin faroles.
Falta el pan en la mesa, falta el vino,
faltas tú en medio de la calle.

Los cantos del domingo son los arcos
de ausencias, de recuerdos en las manos
que no van a ningún espacio sueltos.
Y te amé entre mi cuerpo sin altares,
ajeno a penitencias y los rezos
que nos llevan a nadas y vacíos.

Te buscaré en escombros de los días
y meses, y los años en la arena;
tienes un nombre santo que venero
a pesar de la falta de unas flores.

Entonces

Entonces nos volvemos palomas
con juegos y poemas en los picos;
no es culpa de las manchas en el tiempo,
ni son las madrugadas con los sueños
en ojos de ranas con bocados
de pan que, bendecido por las hadas,
con piedras en los bolsillos se deshacen.
Los árboles huelguistas con sus blusas azules
manotean sus discursos;
salpican los recuerdos de la aurora
en nubes que se meten por las casas.
Es tiempo de que hagamos nuestro nido;
la sed del amarillo se divide
en ruidos de relojes con seis horas.

LOS PASOS PERDIDOS

Mueren las melodías en el ombligo
de un otoño abandonado
con los pasos perdidos.
Ahí la oscuridad lleva máscaras
y en lenguaje oculto se clava
en los pañuelos del viento;
afuera los cirios predican sermones
a las murallas con trenes por ojos;
la sombra anuncia
la virginidad de las madrugadas
y el novio, con delirio de incendios en las manos,
se quema entre las piernas de los dioses.

Mucho sé de los sueños con migajas,
esos que aparecen en los jardines
con los vacíos de lluvias en los huesos;
vuelan las olas encendidas por la noche
y en la garganta se inventan nieblas, hojas borradas;
mis brazos se extienden hacia los nombres
que regresan como barquillos con cinco velas;
en la boca donde nacen margaritas,
gritaré un nombre desnudo de sol y memoria.

RESONANCIA DEL TORSO

La casa con sus puertas sin fuegos
come higos tras las paredes
y abre sus dedos de plata,
y mide los días que se aproximan;
la casa de Puebla no sabe de atardeceres,
solo de mañanas con estaciones
y olor de jazmines quejicosos.
La casa sin suspiros llora sus lágrimas de trigo
y revive el regreso de las palomas,
necia casa sin alarma.
Excéntrica, se pone su mejor rebozo
y se duerme calmada.

QUIÉBRAME EN EL PENSAMIENTO DEL DOLOR

Quiébrame en el pensamiento del dolor
cuando mi cuerpo sea raíz
y mis troncos no se enfermen tan fácil,
porque solo así se puede tolerar el destierro.
Llévate una ramita en tu pico
cuando la ausencia nos aceche
y quiera devorarnos en sus colmillos.
Ya no existe la inocencia en los labios
sobre las hojas nocturnas que amenazan
en la levadura de los panes.
«Tengo hambre».
Toma mi mano y su mar de abismo
memoriza las horas que aparecen
sobre la oscuridad en los tobillos.

El agua no sabe callar en la noche sin uñas.
«Dime, ¿estamos vivos?
Tócame, mírame, bésame…».
Te cubro con mi yo que empuña sobre lo verde
y sigue la herida abierta.
Se perfuman las horas con el deseo de soñarte,
pero ya nada, nada, es mío.

Fue mediante la noche del vuelo

Se desbocó tu pecho de paloma
a ciegas sin orquesta
en el pico de la margarita.
Detuviste tu vuelo de plomo en los tobillos.

Fue la medianoche
mapa circular de la humedad,
del instante de agua,
con un breve brinquito en el techo.

Enredados los sueños en las piedras,
mi cuerpo emerge
al sudor y jugo de un tiempo
con tronco macizo.

Fue el vuelo de nuestros cuerpos
hacia al puente desconocido,
de momentos en las bocas
de las mariposas que nos enseñaron a volar.

Solo el viento, solo el viento.

NUESTRA LEJANÍA ES SOLO ENTRE LAS RAMAS

Junto a la noche escarlata
te miro en mi pensamiento;
bajo la luna de plata
se escucha la serenata
de mi corazón y el viento.

¡Oh, qué erótica delicia
es mi lecho embalsamado;
en mi cuerpo la caricia
que tu amor justo propicia
en el deseo anhelado!

Sea tu voz la que entona
de la esperanza avenida;
de la espera que emociona
y el amor que no traiciona
de la historia compartida.

En la espesa lejanía
nos estamos acercando
en preludios de armonía;
con la claridad del día
nos vamos enamorando.

Me conoces y me quieres,
no existe nada escondido;
todo cuanto siento y eres
en los mínimos placeres
¡es este amor encendido!

Arrúllame en la mañana
mientras sueño entre tu pecho,
con la vida provinciana,
que en la simpleza se hilvana
en la salud y provecho.

Ruge un cielo nebuloso,
cae la llovizna lenta;
el horizonte tedioso
cubrió de barro viscoso,
en el agua se reinventa.

Instante que se consume,
siento en todo tu presencia;
dulce delicia y perfume,
es tu cuerpo que resume
el valor de tu existencia.

Amor de abril, eres dueño,
en corriente te transformas,
te coronas en el sueño,
al mismo tiempo el empeño
que en el corazón te formas.

SOLO TÚ

Lenta la tarde llega; suave como la brisa,
toma en sus manos tiernas rimas para el amado,
desde mi pecho inquieto cosas que me he callado,
cuando serena pienso, produce una sonrisa.

Ahora que te tengo, cuando llegas sin prisa,
vienes a mí, te acercas en todo lo anhelado;
tiemblo cuando me miras, vivo lo recordado;
entre tus brazos gozo mis anhelos sumisa.

Nada en mi vida llevo, solo dolor y queja;
años sobre mi cuerpo, que con mi llanto riego
belleza que me elude, solo la angustia deja.

Porque desde mi pena con todo el desosiego
vienes sin condiciones, en la tarde bermeja
vienes; con paso firme, sobre tu amor me entrego.

RENACIMIENTO

Tienes una manera de hablar con las piedras…
Yo, platico con el viento.
Nos conocimos junto al agua
cerca de las palmeras sin memoria.
Dejando todo a un lado, nos hicimos hojas
para vivir cómodos entre los árboles,
cerca uno del otro y caer al mismo tiempo
para que, al deshacernos juntos,
naciéramos de nuevo en los versos
de algún poeta.

Asimilación

Rompió el verde las heridas del tiempo;
entonces intenté recoger todas las estrellas,
las que caían desde las palmas de tus manos,
una y otra como huérfanas se acomodaban
en mi delantal de bosque,
en el duelo del viento.

Rumora el amarillo los apellidos
de aquellas dudas que se ajustaron en el pecho;
a veces la ventana tenía hambre,
al igual que el árbol sentía sed,
y ambos nos dejábamos llevar por la voz extinta,
la pluma seca de un poeta renegado,
pero al final la muerte con su disfraz
nos cedía el paso
y seguíamos asimilando en el agua
a dos peces nadando.

Índice

Sobre la autora

Guadalupe Cisneros Villa nace en Monterrey, Nuevo León (México) el 28 de enero 1962 y desde los ocho años reside en Estados Unidos. Orgullosa de su gentilicio mexicano, ha desarrollado una vasta obra poética, en su mayor parte inédita, empleando el idioma español como tributo a su lengua originaria.

En 2021 publica el libro *Antes que nos borremos,* inspirado en sus propias vivencias en medio de la pandemia por el coronavirus. Este es un libro de poesía surrealista en el que plasma la melancolía, el dolor y la incertidumbre. Algunos de sus poemas («Deshojando sueños» o «Desde la azotea») han aparecido en antologías, como en *I Antología de Mundopoesía: Poética Clásica,* al igual que en la revista *Luna y Sol* y en la revista virtual *Eco y Latido.* En 2017 obtuvo primeros lugares en los concursos Gerald McDaniel, en la categoría de relato corto, y Ona Roberts Wright Literary Excellence, ambos de la casa de estudios universitarios North Central Texas College.

Es maestra Montessori de profesión y actualmente estudia Desarrollo Infantil en la Texas Woman's University y está pendiente de recibir su Doctorado en Teología.

Sobre el autor

José María Ysmer Palazuelos (Madrid, 1967) se define como un lector ávido donde los haya, escritor a ratos, cada vez más prolífico, y actor *amateur* de teatro desde mediados de los años 80. Licenciado en Biología por la Universidad Autónoma de Madrid (1990), actualmente trabaja como técnico auxiliar de bibliotecas en la Hemeroteca Municipal de Madrid.

Asimismo, suele participar en concursos literarios con mayor o menor fortuna. En 2020 se le concede el 2º premio en la XXXVI edición del Certamen Literario «Manuel Vázquez Montalbán», organizado por la Biblioteca Rafael Alberti de San Fernando de Henares. Ese mismo año comienza su andadura en «Mundo poesía», un foro de poesía en internet en el que recibe varios galardones. Es ahí donde empieza a ser consciente de la calidad de su obra y de la posibilidad de publicar.

En octubre de 2021 sale a la luz su primera obra, *La sed de las piedras*. Ahora, en colaboración con su buena amiga, Guadalupe Cisneros Villa, publica esta su segunda obra, *Estación de cercanías*.